Jacques S

Petit cahier d'exercices

pour apprendre à s'aimer, à aimer et pourquoi pas à être aimé(e)

Illustrations Jean Augagneur

jouvence ÉDITIONS

PETIT CAHIER
Sport cérébral du bien-être

Du même auteur aux Éditions Jouvence

Apprivoiser la tendresse (n.e.), **2015**

Dans la même collection PETIT CAHIER

Petit cahier d'exercices d'intelligence émotionnelle,
Ilios Kotsou, 2011
Petit cahier d'exercices de méditation au quotidien,
Marc de Smedt, 2010
Petit cahier d'exercices pour cultiver sa joie de vivre au quotidien, **Anne Van Stappen, 2010**
Petit cahier d'exercices d'entraînement au bonheur,
Yves-Alexandre Thalmann, 2009
Petit cahier d'exercices du lâcher-prise,
Rosette Poletti & Barbara Dobbs, 2008

Catalogue gratuit sur simple demande

ÉDITIONS JOUVENCE
BP 90107 – 74161 Saint-Julien-en-Genevois Cedex
Suisse : CP 89 – 1226 Thônex (Genève)
Internet : www.editions-jouvence.com
Mail : info@editions-jouvence.com

ISBN 978-2-88353-995-2

Couverture, maquette d'intérieur et mise en page :
Stéphanie Roze (Éditions Jouvence)
Dessins de couverture et intérieurs : Jean Augagneur

Ce petit cahier d'exercices est destiné dans un premier temps à démystifier quelques utopies, à assainir ou alléger quelques croyances et à clarifier quelques leurres sur l'amour.

L'amour, ce mystère aux profondeurs insondables, a fait l'objet, depuis le début de l'humanité, d'interrogations, de questionnements et d'explorations multiples. Il reste cependant - et c'est un des paradoxes de ce sentiment étonnant et parfois détonnant - à la fois très recherché et souvent maltraité.

Ce petit cahier vise aussi à mieux nous sensibiliser, à nous préparer, quel que soit notre âge, à entrer, à vivre et à affronter quelques-uns des possibles de l'aventure amoureuse.

Le postulat de départ est simple:

Si je ne sais pas m'aimer,
j'aurai beaucoup de mal à aimer.

Si je ne m'aime pas,
je risque d'être en permanence
dans le besoin d'être aimé/e.

Et ce faisant je risque de proposer à celui ou à celle que je prétends aimer, des attitudes, des comportements, des façons d'être qui ne vont pas être très appréciés, car fondés sur des échanges à base de captation, de contrôle, ou pour le dire plus simplement de relations de possessivité !

Apprendre à s'aimer, nous allons le découvrir, n'est pas toujours facile. On pourrait même dire que c'est parfois très difficile. Notre capacité à nous aimer, à aimer et à accepter de recevoir de l'amour va dépendre des :

 **MESSAGES** (plus ou moins positifs) reçus dans notre enfance,

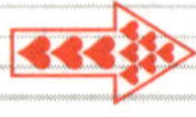 **INJONCTIONS** (libératrices ou inhibitrices) déposées sur nous,

 **MISSIONS DE REPARATION** que nous avons intériorisées,

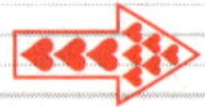 **RENCONTRES** avec des événements plus ou moins traumatisants de notre histoire passée ou récente. La rencontre de l'amour va constituer pour chacun un creuset de découvertes extraordinaires et de changements imprévisibles, mais risque d'être aussi, pour certains d'entre nous, un chemin semé de malentendus et parfois de souffrances.

Je dois préciser une chose dès maintenant : quand je serai amené à évoquer l'amour que nous pouvons avoir envers nous-même, ce que j'appelle **L'AMOUR DE SOI**, il ne s'agira pas d'amour narcissique, égocentrique visant à se présenter comme un être exceptionnel, doué de toutes les qualités ou comme un aimant (je n'ai pas écrit amant) exceptionnel. L'amour de soi est une vibration, un mouvement de l'intérieur qui s'appuie sur des ancrages subtils, indirects que nous allons découvrir progressivement dans les pages qui suivent. **L'AMOUR DE SOI** est un **SENTIMENT** composé de bienveillance, de respect, d'ouverture envers notre personne dans son intégralité. Il s'agit d'une vibration, d'un élan intime qui va dynamiser, colorer, vivifier l'ensemble des ressources de notre vie et, par là même, nous rendre capable d'aimer autrui, c'est-à-dire de pouvoir donner de l'amour et d'accepter d'en recevoir. En fait, de pouvoir s'aimer suffisamment pour savoir accueillir l'amour de l'autre sans l'exiger, le dévaloriser, le maltraiter ou le rejeter.

Pour oser s'aimer

Comment est-il possible d'oser apprendre à s'aimer ou mieux encore de prendre ainsi le risque d'aimer? N'est-ce pas un défi inaccessible, un challenge de type masturbatoire ou un leurre de plus?

Nous le savons tous (du moins tous ceux et toutes celles qui, à un moment ou à un autre de leur vie, ont senti l'amour les habiter, les émerveiller, les bousculer ou les fragiliser), il n'y a pas de règles, pas de recettes pour aimer.

Beaucoup de nos croyances le confirment, nos sens nous l'affirment: être aimé est souvent vécu, par beaucoup d'entre nous, comme un dû. Dès le début de notre vie, nous attendons de nos parents qu'ils nous aiment, et même plus, qu'ils nous acceptent sans aucune condition. Nous inscrivons très tôt cette attente, qui se transforme en certitude, qu'être aimé et pouvoir aimer devrait être naturel, spontané, et pour tout dire, simplement humain.

Et puis nous découvrons, plus ou moins rapidement, que **le sentiment d'amour** (ou les sentiments d'amour, car ils peuvent être multiples) est l'un des possibles qui sera présent ou absent en nous, de façon non contrôlable et surtout aléatoire. Ce sentiment est totalement imprévisible, nous n'avons aucun pouvoir sur lui, il peut nous envahir sans aucun avertissement. Ce sentiment est semblable à un tourbillon qui bouscule et emporte tout. À cela s'ajoute l'**ESPOIR** (quand on a le courage de proposer à l'autre notre amour) qu'en face il y ait une réponse, une réciprocité possible. Et comme beaucoup, nous pensons, plus ou moins consciemment, que notre amour suscitera, en retour, de l'amour chez l'autre.

Ce cahier d'exercices visera, entre autres démarches, à démystifier la confusion qui peut exister entre le sentiment amoureux, qui va nous habiter à un moment donné, et la possible relation amoureuse qui peut en découler.

Nous allons ainsi mieux comprendre...

- **...que sentiment et relation sont deux univers très différents** qui ne cohabitent pas toujours harmonieusement.
- **...que l'amour n'est pas suffisant pour maintenir ensemble** durablement deux êtres... et qu'il faut quelque chose de plus : des échanges, des partages vécus à l'intérieur d'une relation vivante.
- **...que nos sentiments ont une vie propre**, sur laquelle nous n'avons aucun pouvoir, car je ne peux dicter à l'autre de m'aimer s'il/elle ne m'aime pas. Pas plus que je ne peux me dicter d'aimer plus ou moins quelqu'un... si je ne l'aime pas !
- **...que la relation que je vais proposer peut ne pas toujours s'accorder avec la relation que me propose l'autre !** Et qu'il appartiendra à chacun de se donner les moyens de se positionner, de s'affirmer, de se confronter pour tenter de construire ensemble une relation vivante, respectueuse des attentes, des apports et des zones d'intolérance de chacun.
- **...que le sentiment d'amour qui m'habite ne trouve pas toujours un écho chez l'autre** (cas d'un amour à sens unique ou asymétrique). Et que s'il trouve une correspondance chez l'autre (amour en

réciprocité ou symétrique), les relations qui peuvent en découler vont suivre des chemins parfois labyrinthiques, avec des enjeux complexes qui touchent à l'histoire et aux projets de vie de chaque partenaire.

Chacun le comprendra, il ne suffit pas d'aimer ou d'être aimé, encore faut-il pouvoir se proposer mutuellement une relation vivante, pleine de stimulations et de partages, ouverte sur l'échange, c'est-à-dire sur une mise en commun.

Cela s'appelle communiquer, et nous allons le découvrir, cela s'apprend aussi. Ou du moins peut s'apprendre... si on accepte de reconnaître que nous sommes (le plus souvent) des infirmes de la communication, (parfois aussi) des affamés du partage, (et dans certaines circonstances) des boulimiques du demander, des handicapés du recevoir, plein de maladresses dans le donner ou encore en difficulté dans le refuser (incapables de dire non, ou au contraire butés dans des refus). Qu'il peut nous arriver d'être ou de devenir des spécialistes de l'auto-privation ou des impérialistes autocrates (voulant garder à tout prix le contrôle de la relation !).

Dans ce livre, aucune recette, peu de conseils, pas d'autoroutes à prendre. Vous y trouverez juste l'indication de quelques chemins fiables, de certains sentiers inattendus, l'ouverture de pistes incertaines mais stimulantes pour avancer dans le respect, l'auto-responsabilisation, la fidélité à des valeurs vers l'amour de soi et de l'autre, pour construire ensemble les possibles d'une relation amoureuse, de préférence merveilleuse et pourquoi pas durable !

TO LOVE OR NOT TO LOVE

Pour commencer, je vais proposer quelques exercices de conscientisation[1], pour comprendre d'où vient l'amour, quelle pourrait être l'origine de l'amour humain.

Chaque fois, il s'agira d'exercices personnels et intimes pour tenter de mieux comprendre, pour pouvoir se sentir plus en accord avec ses propres choix de vie, ses valeurs ou ses aspirations profondes, pour pouvoir mieux se relier à l'autre.

1 Fait de conscientiser, c'est-à-dire d'intérioriser différents aspects de la réalité.

Exercice 1

Origines de l'amour ou du non-amour en moi

Il s'agit d'un exercice pour entrevoir d'où peut venir l'amour qui m'habite ou l'absence d'amour que je peux ressentir parfois en moi.

Quand je songe à l'amour ou quand je parle d'amour, il m'appartient :

d'identifier l'amour que j'ai à donner, que je porte en moi et que je souhaite offrir à quelqu'un/e qui saura le recevoir.

Ai-je de l'amour à donner ?

OUI NON

Suis-je en relation avec quelqu'un qui peut le recevoir ?

OUI NON

de mieux différencier mon amour avec mon besoin d'amour.

Est-ce que je propose mon amour pour avoir, en retour, celui de l'autre ?

OUI NON

de ne pas confondre l'amour que je n'ai pas avec celui que je souhaite recevoir.

Suis-je en attente d'être aimé/e ?

OUI NON

Suis-je aimé/e, même si je n'aime pas ?

OUI NON

de ne pas rester dans la croyance (ou le leurre) qu'un amour viendra de l'autre pour remplir mon vide d'amour.

Suis-je un/e consommateur/trice d'amour ?

OUI NON

de ne pas entretenir le syndrome de la Belle au bois dormant!

Suis-je dans l'espérance du prince ou de la princesse qui viendra m'éveiller à l'amour?
OUI NON

Il m'appartient de vérifier quelles sont mes croyances.
Une croyance peut masquer des attentes profondément enfouies dans les méandres de notre cœur ou de notre passé.

Suis-je dans la croyance que, si j'ai reçu beaucoup d'amour en amont (dans mon enfance, de la part de mes parents ou de ceux qui les ont remplacés), je devrais pouvoir en donner? Cette croyance peut se résumer par la simple équation: «Si j'ai été aimé/e, je dois pouvoir aimer.»

Ai-je reçu ou non de l'amour de la part de mes parents?
OUI NON

Suis-je dans la croyance que c'est à l'autre de m'aimer si je n'ai pas reçu d'amour dans mon enfance? Comme si c'était une question de vases communicants… l'autre devrait remplir mon manque!

Si je n'ai pas reçu d'amour dans mon enfance, alors je dois en recevoir. Suis-je dans ce cas? **OUI NON**

Si j'en ai reçu, peut-être ai-je moins besoin derecevoir?
OUI NON

Suis-je dans la croyance que, si j'aime l'autre avec suffisamment d'amour, il/elle sera tellement touché/e qu'il/elle va nécessairement m'aimer? Comme dans un troc relationnel équilibré, «je te donne donc tu me dois…»

Si j'aime, je dois être aimé/e. OUI NON

Si j'aime, il est possible que l'autre ne m'aime pas pour autant. OUI NON

Suis-je dans la croyance que cet homme, ou cette femme, devrait m'aimer comme ma mère ou mon père aurait dû m'aimer? Comme une compensation évidente, «je t'ai choisi/e car j'ai senti que tu pourrais m'aimer comme n'a pas su le faire mon père ou ma mère!»

Je mets sur le même plan l'amour parental et l'amour amoureux, l'un pouvant remplacer l'autre. OUI NON

Je me sens capable de mieux différencier l'amour parental de l'amour amoureux! OUI NON

Suis-je dans la croyance ou l'espérance que, de toute façon, personne ne m'aimera, que je ne mérite pas d'être aimé/e et que, bien sûr, celui ou celle qui tente de m'aimer ne mérite pas ma confiance? Car quelqu'un qui aimerait une personne aussi nulle que moi, est vraiment encore plus nulle…

Je ne mérite pas d'être aimé/e. OUI NON

Je ne peux être aimé/e que par quelqu'un de plus nul que moi!

OUI NON

Les réponses que je donne m'appartiennent, elles n'ont aucune valeur prédictive, elles sont des points de repère, des balises pour tenter de mieux comprendre ce que je suis et de me permettre d'avancer sur les chemins de l'amour.

Quelques réflexions et commentaires pour inviter à entrer dans les exercices suivants

Pendant longtemps, j'ai cru que si on avait reçu beaucoup d'amour de la part de ses parents, on pouvait par la suite, en donner beaucoup autour de soi.

Comme si l'amour était un problème de vases communicants.

Si j'ai reçu beaucoup d'amour en amont (de la part de mes parents ou de ceux qui les ont remplacés), je devrais pouvoir en donner à mon tour.

Cela ne s'est pas vérifié dans ma vie amoureuse. J'ai été un enfant très aimé et cependant je ne savais pas aimer. Je suis resté enfermé longtemps dans une injonction que je m'étais donnée vers 8 ans. J'étais très amoureux d'une petite fille de mon âge, qui m'avait assuré qu'elle m'aimait également. Puis 15 jours après, elle m'a annoncé : « Je ne t'aime plus, j'en aime un autre qui m'aime plus que toi ! » Je fus tétanisé, abattu durant plusieurs jours, habité par une souffrance aiguë durant plusieurs mois, persuadé que mon amour n'avait pas de valeur, puisqu'il n'avait **pas fait le poids,** face à celui d'un autre. Je me souviens qu'un soir, dans les profondeurs de mon lit, je m'étais juré de ne **plus me laisser aimer** et surtout de ne **plus aimer** !

Ce n'est que plus tard, à l'âge adulte, que j'ai mieux conscientisé que l'amour de soi venait de la qualité des relations significatives, tissées dans mon enfance et aux débuts de ma vie d'adulte par mes parents, enseignants, amis et proches.

J'ai également compris que si dans ces relations et ces échanges avaient circulé plus de messages positifs que toxiques, la vivance[2] de mon être qui se serait embellie en moi. Je serais devenu énergétigène[3], porteur d'énergies nouvelles, j'aurais engrangé plus de confiance et d'estime pour moi, je baignerais dans plus de plaisir d'être et surtout je serais porteur de plus d'amour pour moi-même.

Mais voici ma découverte la plus stimulante dans mon développement affectif: si je recevais d'autrui un message toxique qui pouvait me blesser moralement, psychologiquement ou physiquement, il m'appartenait de ne pas le garder en moi, de ne pas me laisser polluer par lui, mais de le restituer (sur un mode symbolique) à celui ou celle qui l'avait déposé sur moi.

2 Capacité d'une personne à vivre, s'épanouir, et évoluer à l'intérieur d'une vibration à haut degré de vitalité.

3 Qui réveille, qui engendre de l'énergie.

Plus tard, dans ma vie d'homme et de formateur en relations humaines, j'ai appelé cette démarche: **la restitution symbolique des messages toxiques à ceux qui les avaient déposés sur moi.** Que ces messages soient des paroles, des comportements ou des violences psychologiques, morales ou physiques, il m'appartenait de ne pas les garder en moi, mais de les remettre à l'envoyeur. Ceci pour ne pas rester empoisonné, blessé ou enfermé dans la rancoeur et le ressentiment, mais surtout pour pouvoir me réconcilier avec le meilleur de moi-même. En fait, j'ai appris **à restituer le pas bon reçu**, pour ne pas collaborer et surtout pour mieux me responsabiliser, par rapport à la pollution relationnelle que mon entourage pouvait déposer sur moi.

Plus tard encore, en prenant conscience que, moi aussi, j'avais pu polluer ou blesser ceux que j'aimais ou ceux qui partageaient ma vie, j'ai pu proposer une deuxième démarche, que j'ai appelée: **la reprise symbolique des messages toxiques et violences que j'avais pu déposer chez l'autre.** Je leur demandais de me les restituer. Certains et certaines le faisaient, mais d'autres non, préférant rester à mon égard dans l'accusation, le jugement de valeur ou le ressentiment: «De toute façon, tu ne m'as jamais aimé, tu ne m'as jamais compris, tu n'as jamais eu le souci de ce que je pouvais ressentir, etc.» C'est ainsi que j'ai mieux compris combien il était important, pour certains, de rester dans la victimisation ou d'accumuler du ressentiment, en enfermant l'autre dans des accusations sans fin. S'inscrivant ainsi dans un cycle, qui s'auto-entretient sans difficulté.

Pour ma part, c'est à travers ces différentes démarches relationnelles (apprendre à recevoir le bon et savoir restituer ce qui ne me paraissait pas bon pour moi) que j'ai commencé à m'aimer, à pouvoir accepter d'aimer et parfois à être aimé en réciprocité.

Exercice 2

Premiers repères, premières balises

Voici un exercice destiné à poser quelques balises pour avancer un peu plus dans la compréhension de notre dépendance ou de notre autonomie vis-à-vis de l'amour et du sentiment amoureux.

Pour mieux comprendre et cerner :

Pour moi, l'amour parental (celui que j'ai reçu de mes parents) a-t-il été un amour **inconditionnel**, acquis à jamais, (même si par la suite mes relations avec eux se sont tendues ou sont devenues plus difficiles) ou bien un amour **conditionnel**, chargé d'attentes, de devoirs, de peurs ou de désirs sur moi ?

❑ **inconditionnel** ❑ **conditionnel**

L'amour reçu de ma mère était-il inconditionnel ou conditionnel ?

❑ **inconditionnel** ❑ **conditionnel**

L'amour reçu de mon père était-il inconditionnel ou conditionnel ?

❑ **inconditionnel** ❑ **conditionnel**

L'amour reçu d'autres personnes (de la parentèle proche ou autres) était-il inconditionnel ou conditionnel ?

❑ **inconditionnel** ❑ **conditionnel**

Est-ce que l'amour parental qui m'a été donné (si je n'ai pas eu de mère ou de père possessif, captatif ou trop anxieux) m'a permis de m'éloigner, de les quitter sans culpabilité, avec suffisamment d'autonomie pour construire ma propre vie d'adulte, m'engager dans un amour amoureux et peut-être une relation de couple, voire fonder une famille ?

❑ **Oui et comment ?**

....

....

❑ **Non et comment ?**

....

....

Ai-je pu intérioriser que l'amour amoureux que je peux proposer, ou que je reçois, est un amour pour créer, au-delà de la rencontre amoureuse, une relation durable ?

❑ **Oui** ❑ **Non**

Ai-je choisi de vivre mes amours dans une succession de rencontres vécues au présent, sans trop de projets à long terme ?

❑ **Oui** ❑ **Non**

Exercice 3

De l'amour amoureux à la relation de couple

Si l'amour parental nous est donné gratuitement, sans condition, sans troc relationnel, avec constance et cohérence, il va inscrire en nous une sécurité de base fondamentale. Cette sécurité nous permettra par la suite d'avoir des relations amoureuses et de couple en réciprocité, sans la tentation d'imposer des relations de soumission, de contrôle ou de rapports de force.

Est-ce mon cas ?

....

....

Car combien d'amours vont être blessés et meurtris par des relations où l'un des partenaires va imposer ses choix de vie, ses désirs, ses croyances ou encore ses propres errances.

Suis-je dans une relation de ce type ?

- ❑ De mon fait ?
- ❑ Du fait de l'autre ?

L'amour amoureux en réciprocité est reconnaissable par le fait de pouvoir le proposer à l'être aimé/e avec le désir de rester le plus longtemps possible avec elle/lui.

❑ Est-ce vrai pour moi ? Et pourquoi ?

....

....

❑ Est-ce vrai pour l'autre ? Et pourquoi ?

....

....

Nous verrons plus loin comment il est possible de passer de la rencontre amoureuse (qui se vit au présent, avec des projets à court terme) à la relation de couple (avec un projet de vie en commun à long terme). Relation qui supposera des engagements mutuels, pour accepter de vivre une aventure dont aucun des protagonistes ne maîtrise au départ les enjeux.

- ❑ Mon désir profond est-il de rester dans la rencontre, sans engagement à long terme?
- ❑ Mon désir profond est-il de passer à une relation de couple, avec des engagements mutuels à long terme?

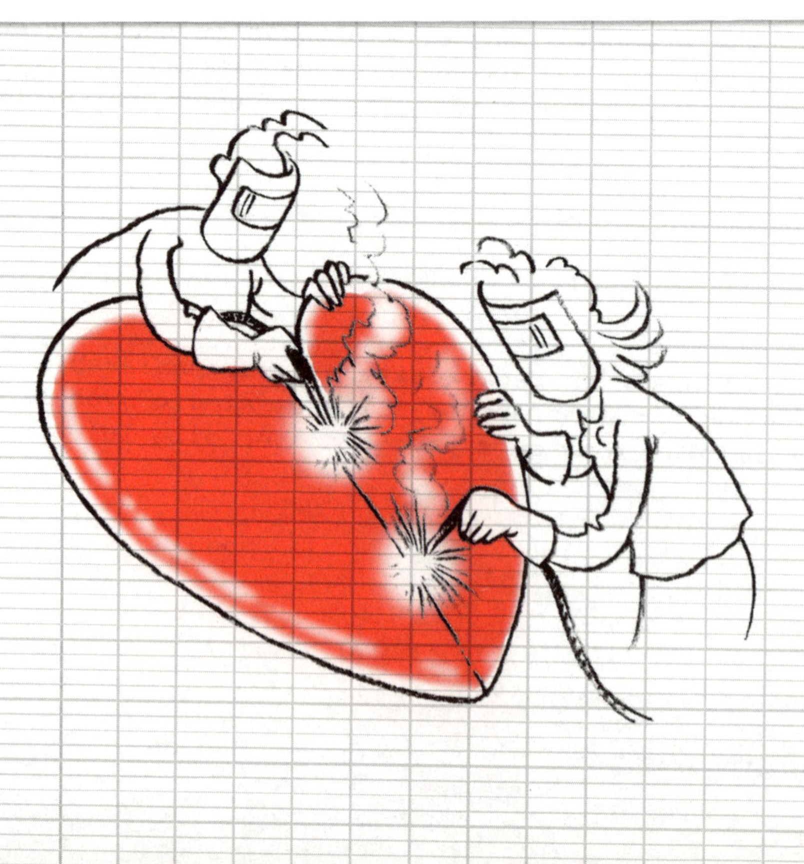

Exercice 4

Les ingrédients de la rencontre amoureuse

Grâce à cet exercice, vous pouvez vérifier si les «ingrédients», ou si vous préférez, les composantes qui doivent être présentes dans une rencontre amoureuse, sont à l'œuvre entre vous et l'autre.

Existe-t-il chez moi une attirance?

C'est-à-dire un mouvement qui me pousse vers l'autre. En ne confondant pas ma démarche avec le mouvement inverse (quand je cherche à attirer l'autre vers moi!).

❑ Oui ❑ Non

Est-ce que je perçois si ce même mouvement existe aussi chez l'autre?

À savoir, est-ce que je sens s'il recherche ma présence, s'il a le souhait de venir vers moi (et non de m'attirer à lui, de me séduire, de me capter)? Même si mon narcissisme trouve son compte dans le fait que quelqu'un cherche à me séduire (à me conduire vers lui ou vers ses désirs!), il est préférable que ce mouvement puisse venir vers moi, de son propre fait, de préférence de façon spontanée.

❑ Oui ❑ Non

Est-ce que je me donne les moyens de découvrir si nous avons des affinités,

des centres d'intérêts communs, des passions et des enthousiasmes qui se rejoignent (ou pas), qui sont complémentaires, ou même pourquoi pas antagonistes? Car des affinités antagonistes peuvent être très stimulantes, pour faire danser les neurones de chacun! Des passions communes (trop communes) peuvent devenir par la suite, avec les années plus «ronronnantes», qui sait?

❑ Oui ❑ Non

Ai-je des désirs vers l'autre?

En ne confondant pas «**mes désirs vers**» avec «**des désirs sur l'autre**» (qui visent à l'appropriation, parfois à la consommation et qui risquent, par là même, d'être envahissants, voire terroristes). Désirs qui peuvent être (bien sûr) d'ordre (ou de désordre!) sexuels ou dans bien d'autres domaines.

❑ Oui ❑ Non

En a-t-il/elle pour moi ?

❑ Oui ❑ Non

Et de quel ordre ?

....

....

Est-ce que je sens un sentiment d'amour en moi ?

À ne pas confondre avec un ressenti.

❑ Oui ❑ Non

Ai-je un ressenti de bien-être, de confiance, d'abandon qui va me faire rechercher le contact ou la présence (sans pour autant avoir de l'amour pour cette personne) ?

❑ Oui ❑ Non

Ai-je un ressenti plus négatif, de rejet, de dégoût, de refus qui va me maintenir à distance, m'éloigner de cette personne ?

❑ Oui ❑ Non

Ou suis-je partagé, ambivalent (j'ai des sentiments) ?… Mais je ressens du malaise, j'ai déjà des critiques en moi, sur sa façon de s'habiller, de parler, de manger, sur ses idées).

❑ Oui ❑ Non

Suis-je au clair avec mes propres sentiments ?

Qu'est-ce que je ressens quand l'autre a un sentiment d'amour pour moi alors que je n'éprouve aucun sentiment pour lui/elle ?

❑ Oui ❑ Non

Ceci n'est pas toujours conscient, mais je peux me défendre d'aimer :

❑ Par peur de souffrir si je suis, par la suite, abandonné/e ou trahi/e) ?

❑ Parce que je sors d'une relation qui s'est mal terminée et que j'ai besoin d'un peu de temps pour me rencontrer à nouveau ?

❑ ou encore parce que je crains que cela m'engage trop vite dans une direction qui m'inquiète ?

Exercice 5

Pour vérifier ma capacité actuelle à aimer

C'est un exercice utile pour vérifier ma capacité à aimer.

Comment est-ce que j'affronte les différentes combinaisons qui peuvent exister entre ces 4 termes?

Dynamisez le schéma en reliant les différents éléments ci-après:

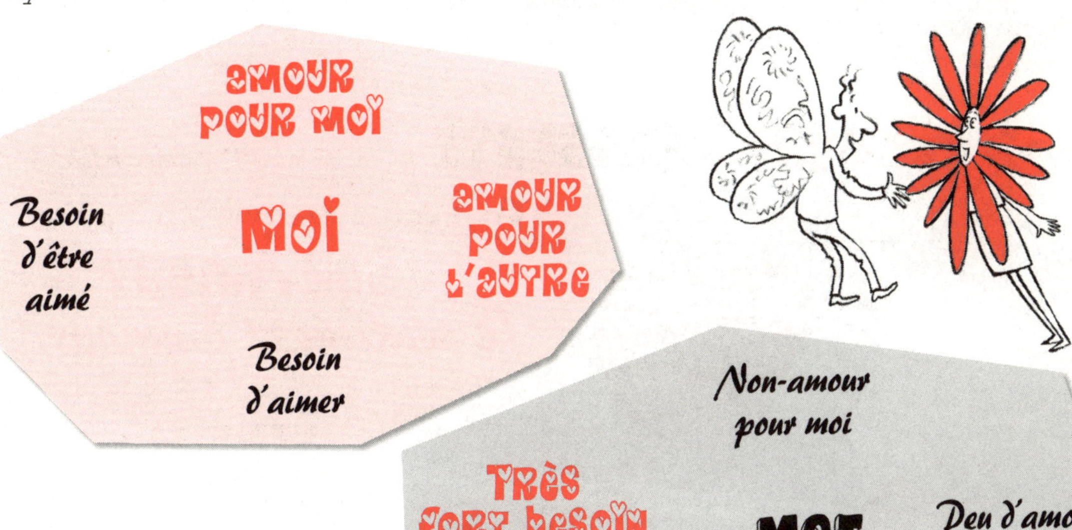

En sachant que:

❶ Si je ne m'aime pas, je serai dans le «besoin» d'aimer et le besoin d'être aimé, sans être tout à fait capable de donner de l'amour.

❷ Si je m'aime, je serai moins dans le besoin d'aimer et surtout beaucoup moins dans le besoin d'être aimé, tout en étant capable de donner de l'amour.

Exercice 6

Pour mieux entendre la différence entre SENTIMENT et RESSENTI

Je dois me rappeler qu'un **RESSENTI** est lié à une situation, un comportement, qu'il est provisoire (quand il ne s'inscrit pas dans une fixation!). Et qu'un **SENTIMENT** est lié à une personne, qu'il s'inscrit dans la durée, qu'il soit ou non partagé.

SENTIMENT et **RESSENTI** sont souvent confondus.

On pourrait dire qu'il n'y a qu'un seul **SENTIMENT** :
le sentiment d'amour.

- ☐ J'ai de l'amour en moi.
- ☐ Ou je n'en ai pas.

Un **SENTIMENT** est relié à **une personne**, il a une durée de vie certes aléatoire (car nul ne sait à l'avance la durée de vie d'un amour) mais il s'inscrit tout de même dans une durée, une durée aléatoire qui peut être maltraitée par un décès (séparation imposée à celui/celle qui reste), un divorce (séparation choisie pour celui/celle qui veut partir, imposée à celui/celle qui voulait rester dans la relation!).

Pensez à une ou plusieurs personnes pour qui vous avez des sentiments et inscrivez leur nom :

....

....

....

....

....

....

Le **RESSENTI**, lui, est lié à **un comportement, une situation, un événement** et il a une durée plus éphémère. Il peut se transformer en ressentiment, devenir une fixation, quand il touche à quelque chose de sensible dans notre histoire, quand il réveille une de nos blessures infantiles ou quand il réactive une situation inachevée.

Citez un ou plusieurs de vos ressentis récents et notez-les :

....

....

....

....

....

Parmi ces ressentis, séparez les **RESSENTIS POSITIFS** et les **RESSENTIS NEGATIFS**. En effet, souvent ma difficulté à formuler ces ressentis va faire que je critique l'autre (« Tu n'as jamais envie de moi », « Tu n'es pas normale », « Tu es frigide »), car je ne sais pas dire combien je suis déçu, frustré, amer ou mis en doute parce qu'elle n'a pas le même désir que moi !

RESSENTIS POSITIFS	RESSENTIS NEGATIFS
....	....
....	....
....	....
....	....
....	....
....	....
....	....
....	....

Exercice 7
Apprendre à m'aimer

Si j'ai compris que ma capacité à aimer va dépendre de l'amour que j'ai (ou que je n'ai pas) pour moi-même, je dois m'interroger autour de cette question délicate :

comment apprendre à m'aimer ?

Ai-je vécu, dans mon enfance et dans mon histoire récente, des relations significatives dans lesquelles les messages positifs (bienveillants, gratifiants, encourageants, stimulants, valorisants) dominaient?

Voici un exemple de message reçu après une expérience de baby-sitter (ou de «baby-brother») : «J'ai une grande confiance en toi, je n'ai aucune hésitation pour te confier mes enfants», ou encore : «J'ai vraiment apprécié la façon dont tu as accueilli tes cousins. Ils venaient de l'étranger et semblaient un peu perdus et, toi, tu les as mis tout de suite à l'aise en leur prêtant ton vélo ! »

❑ **Oui** ❑ **Non**

Lesquels se sont inscrits en moi, avec le plus de force?

....

....

Si cela a été le cas, j'ai dû sentir et voir en moi :

❑ Que la vivance qui m'habitait (intensité et expansion plus grande de mon potentiel de VIE) se développait.

❑ Que mes énergies se libéraient et se renforçaient.

❑ Que la confiance en moi s'étoffait, se confirmait.

❑ Que l'estime envers moi-même devenait plus solide, prenait plus de consistance.

- ❑ Que l'amour pour moi-même (nous y voilà) était nourri, vivifié, devenait plus libre. Il s'agit là, bien sûr, non pas de l'amour narcissique, égocentrique qui parfois peut nous envahir («Moi, je suis le plus beau, le plus intelligent, le plus performant…») mais de l'amour de bienveillance, de respect, de tolérance, d'ouverture que chacun d'entre nous peut porter en lui-même.
- ❑ Que le plaisir d'être, le plaisir d'exister fleurissait en moi, à chaque instant ou du moins plus fréquemment.

Ai-je dû affronter dans mon enfance, ou dans mon histoire récente, et de manière répétitive, des relations chargées de messages négatifs, de paroles, de gestes ou de comportements toxiques (dévalorisations, humiliations, rejets, jugements de valeur sur ma personne ou mes actes) ?

Par exemple: «Mais quel mauvais caractère tu as!», «Je n'ai jamais vu quelqu'un d'aussi égoïste!», «Non seulement tu es un menteur, mais tu es aussi un voleur qui mine de rien et qui fait tous ses coups en douce!», «On ne peut te faire aucune confiance, tu commences dix choses à la fois et tu ne termines jamais rien!»

❑ **Oui** ❑ **Non**

Lesquels se sont inscrits en moi avec le plus de violence?

....

....

Si cela a été le cas, j'ai dû sentir et voir en moi :

- ❑ Que ma vivance était blessée, que j'étais habité/e par plus de dévivance (j'ai donc éprouvé dans mon corps que mes immunités naturelles étaient fragilisées).
- ❑ Que mes énergies étaient **a minima**, et donc que j'étais plus sensible, plus vulnérable, plus fatigable face aux épreuves de la vie.
- ❑ Que plus de doutes m'habitaient, que j'avais beaucoup moins ou même plus du tout de confiance en moi.
- ❑ Que l'estime pour moi-même avait disparu, s'était diluée dans une image diffuse, molle ou morcelée dans laquelle je ne pouvais plus me reconnaître, mais qui s'imposait quand même à moi !
- ❑ Que je ne m'aimais plus, que je n'éprouvais que du désamour pour moi-même (nous y voilà), que j'avais moins ou que je n'avais plus de respect, de sentiments positifs envers ma personne.
- ❑ Que j'étais souvent, dès le matin en me levant, dans le déplaisir d'exister, que je supportais moins d'être celui/celle que j'étais devenu/e !

À partir de ce dernier exercice, je dois sentir si j'ai en moi :

- ❑ *De l'amour à donner.*
- ❑ *Ou si je vais avoir du mal à aimer.*
- ❑ *Si je vais avoir de la difficulté à être aimé/e.*

Propositions concrètes pour une réconciliation possible avec soi-même, et donc pour pouvoir mieux s'aimer !

Si nous avons reçu (ou que nous recevons encore) des messages négatifs, qui peuvent être toxiques, des violences verbales, morales ou physiques, il est toujours possible de les symboliser par un objet, de faire un mot d'accompagnement et de les « restituer », de les remettre ou de les renvoyer à celui ou à celle qui les a déposés sur nous.

Cette démarche, qui relève de la Pratique de la restitution symbolique, enseignée par la Méthode ESPÈRE® (voir Jacques Salomé, **Pour ne plus vivre sur la planète Taire**, Albin Michel, 1997), nous invite en quelque sorte à un nettoyage de la tuyauterie relationnelle pour assainir nos relations, nous réconcilier avec le meilleur de nous-même et nous permettre ainsi de retrouver l'amour de soi. Et ainsi, si nous avons retenu ce qui précède, de pouvoir aimer et même d'accepter de recevoir de l'amour et donc d'avoir la possibilité d'être aimé.

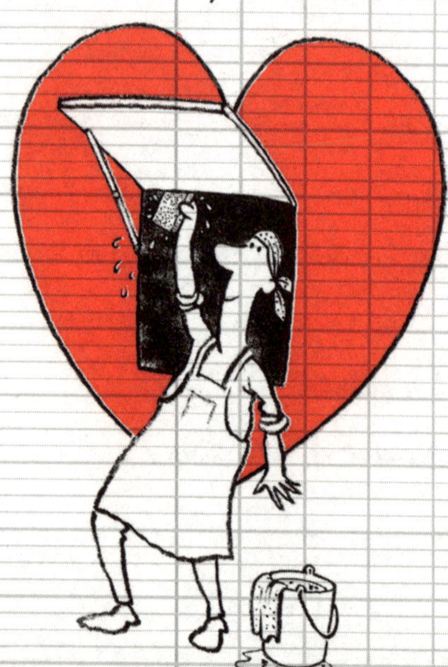

La restitution symbolique des messages toxiques ou des violences reçues à un moment ou à un autre de notre enfance, de notre jeunesse ou de notre vie d'adulte, est un moyen très concret, accessible à chacun :

- **DE SE RECONCILIER AVEC SOI,**
- **D'INSCRIRE EN NOUS UNE IMAGE PLUS POSITIVE,**
- **DE LIBERER DES ENERGIES,**

au lieu de les utiliser pour maintenir **a minima** les tensions, les malaises, les ressentiments ou les rancœurs qui peuvent polluer notre existence.

Il faut le dire et le souligner, cette démarche déclenche le plus souvent un immense soulagement, mais peut rester freinée par beaucoup d'interrogations ou paralysée par de nombreuses résistances.

Exercice 8

Pour mieux visualiser quelques-unes de mes résistances dans la mise en œuvre des restitutions symboliques

Voici différentes sortes de résistances.
Je coche celles que j'ai déjà rencontrées pour dans des situations personnelles.

Résistances à partir de doutes :

- ❑ Mais à quoi cela sert-il réellement ?
- ❑ À quoi bon remuer le passé ?
- ❑ Peut-être l'autre ne pensait pas te faire du mal ?
- ❑ Et si tu te trompais ?

Résistances chez des proches avec des tentatives de culpabilisation :

- ❑ Penses-tu que tu risques de faire de la peine ?
- ❑ Peut-être l'autre ne va-t-il pas comprendre ?
- ❑ Crois-tu que tu risques de faire plus de mal que de bien ?
- ❑ Cette personne est âgée, elle est malade, tu penses qu'elle n'a pas besoin en plus d'être remise en cause, d'être accusée ?

Résistances avec des jugements de valeur déposés sur nous :

- ❑ De quel droit tu peux, comme cela, faire intrusion dans la vie de quelqu'un en lui rappelant son passé ?
- ❑ Tu veux peut-être te faire plaisir, sans penser à respecter l'autre ?

Des résistances liées à des dénis :

- ❑ Ne faudrait-il pas mieux oublier ?
- ❑ Tes souvenirs te jouent un mauvais tour, et si tout cela était simplement dans ton imagination ?

À quoi peut servir la restitution symbolique des messages, ou des comportements, qui n'ont pas été bons pour nous?

D'une part, à se dépolluer de quelque chose qui reste enkysté dans nos pensées ou dans notre corps.
D'autre part, cela sert à libérer des énergies qui sont souvent «bloquées», cristallisées autour d'une parole, d'un événement qui, de temps en temps, refait surface ou s'agite en nous de façon impromptue (et souvent au moment même où nous pourrions vivre du bon pour nous!).
Restituer nous permet de nous réconcilier avec une période de notre histoire qui a été mal vécue, avec une image de soi qui a été blessée et surtout de retrouver le meilleur de nous-même.
Et enfin, cela nous ouvre la porte à une plus grande liberté d'être et donc à un peu plus d'amour pour nous-même.

Exercice 9

Pour commencer à nettoyer la tuyauterie relationnelle

Il s'agit d'un exercice visant à explorer puis à «nettoyer la tuyauterie relationnelle» dans quelques-unes des relations significatives de notre histoire. Tuyauterie qui aurait pu être polluée par le fait d'avoir engrangé des messages toxiques à répétition, d'avoir été violenté/e psychologiquement, moralement ou même physiquement. Pour nous soulager et surtout nous libérer de messages et violences déposés sur nous par des parents, par la fratrie, par un membre de la parentèle proche, par des enseignants, par des amis ou pseudo-amis, ou encore par des inconnus !

Est-ce le cas pour moi ? **OUI NON**

Par qui ai-je été pollué/e, violenté/e, blessé/e ?

....

....

....

Dans quelles circonstances ?

....

....

....

....

....

....

....

....

Est-ce que je peux envisager de restituer symboliquement ces messages toxiques ou négatifs, ces violences ?

OUI NON

Pour concrétiser cette démarche, je choisis un objet qui aura une valeur symbolique : celle de représenter le message ou la violence déposée sur moi. Puis faire un paquet, avec un mot d'accompagnement explicitant qu'il s'agit là d'une démarche symbolique visant à me libérer de quelque chose qui n'a pas été bon pour moi. Alternatives possibles :

- ❑ Oui, je peux le faire.
- ❑ Pas tout de suite, peut-être ai-je besoin de mieux comprendre, de réfléchir.
- ❑ Non, je ne peux pas, je ne peux m'y résoudre.

Si je réponds « Non, je ne peux pas », puis-je m'interroger ?

- ❑ Ai-je peur de blesser la personne concernée, de lui faire de la peine, de la déstabiliser, de ne plus être aimé/e par elle/lui ?
- ❑ Ai-je peur qu'elle/il ne comprenne pas ?
- ❑ Ai-je peur de passer pour un fou/une folle ou pour un/e fumiste ?
- ❑ Autre : ....
....
....
....

Si je décide de faire cette démarche de symbolisation, visant à restituer, à remettre chez l'autre quelque chose qui est venu de lui/d'elle et qui n'est pas bon pour moi, je réfléchis aux questions suivantes :

Quel objet ai-je choisi ? ....

J'écris ici le texte qui accompagnera cet objet :

....

....

....

....

....

....

....

....

....

....

....

....

....

....

....

....

....

....

....

....

....

Je fixe une date pour concrétiser ma décision de remettre à la personne l'objet (symbolisant ma restitution) et ma lettre jointe :

... ... / ... ... / ... ...

Si je garde en moi les messages toxiques (jugements de valeur, anathèmes, prédictions négatives) ou la violence reçue, je trouve une photo de moi et je montre dans quelle partie de mon corps je garde enterré, enkysté ou simplement en dépôt tout cela !

Mettre ici la photo et positionner ainsi par un symbole ce que j'ai décidé de garder en moi, en sachant que ce n'est pas bon pour moi !

À travers cette démarche d'archéologie personnelle, je peux:

- soit me restaurer et retrouver un peu plus d'amour pour moi et par là même agrandir ma disponibilité pour aimer, c'est-à-dire à pouvoir donner de l'amour,
- soit mieux conscientiser où j'en suis de mes capacités à m'aimer, à aimer, à être aimé/e.

Je peux à tout âge - et c'est cela qui est merveilleux dans les relations humaines - achever une situation inachevée de mon enfance, réparer tout un pan de mon histoire, recadrer tel ou tel événement que j'avais mal vécu, ou encore donner un autre sens à certains épisodes de mon existence.
Pour cela, je peux commencer à mettre des mots, à sortir du silence, en restituant ou en me positionnant différemment vis-à-vis de quelques-unes des personnes significatives de mon histoire.

Je peux aussi, si je n'ai pas réussi à restituer, mieux percevoir le sens de l'une ou l'autre de mes somatisations, de mes répétitions, de quelques-uns des scénarios qui jalonnent mon existence.

Je peux enfin mieux assumer mes responsabilités comme parents (si c'est le cas) et intégrer cette loi implicite qui régit la communication transgénérationnelle : un problème qui n'est pas résolu dans une génération donnée risque de se répéter, en se déposant sur les générations suivantes, soit en ligne directe, soit en sautant une génération.

Retour sur quelques fondamentaux autour de la Vie, de l'Amour et de l'Énergie vitale

En témoignant ici de ma petite cosmologie personnelle, je ne fais qu'énoncer quelques-unes des croyances qui ont structuré mon existence. Elles sont pour moi des balises, des repères, des points d'ancrage qui ont guidé tout mon travail de formateur. Je les propose avec pudeur et respect à l'écoute de chacun.

Je crois (mais ce n'est qu'une croyance) que nous recevons au moment de la conception, dans ce moment miraculeux où un ovule est fécondé par un spermatozoïde dans un champ de désirs (semblables, contradictoires, volontaires ou imposés), que nous recevons l'équivalent de trois graines. C'est l'image qui s'impose à moi, avec une grande force depuis quelques années.

Une graine de Vie, une graine d'Amour universel, une graine d'Énergie cosmique.

Le devenir de ces trois graines sera de nous habiter tout au long de notre existence terrestre avec le développement, ou pas, de différentes dynamiques : celles de pouvoir croître, de s'épanouir ou simplement d'être engrangée ou encore consommées. C'est donc comme cela que je comprends le sens de notre passage sur cette Terre : soit de nous permettre de redonner à l'Univers (lorsque nous quitterons notre enveloppe physique) plus de Vie, plus d'Amour et plus d'Énergie que nous en avons reçu au départ ; soit de simplement déposer le solde, le résidu qui restera, de ce que nous avons consommé, gaspillé ou violenté en nous de la Vie, de l'Amour et de l'Énergie. Vie, Amour, Énergie que chacun a reçu en dépôt, au moment de sa conception.

Cela peut vous sembler, à cet instant, une mission délicate ou festive, difficile ou magique, chargée de possibles ou impossible à réaliser. C'est à vous de vous interroger, d'accueillir cette mission, de la rejeter, de la laisser grandir ou de la laisser en suspens, pour l'instant...

Quelle que soit votre position, je vous invite à entrer dans les exercices suivants. Ils sont en corrélation directe avec les thèmes de ce cahier : apprendre à s'aimer, à aimer et pourquoi pas à être aimé !

Exercice 10

Démarche de reconnaissance et de confirmation

Il s'agit là d'un exercice qui permet de confirmer une double reconnaissance.

Celle de la VIE que je porte en moi et qui m'a été donnée par mes géniteurs.

Celle de reconnaître et de remercier mes géniteurs pour m'avoir donné cette VIE qui m'habite, qui circule en moi, qui irrigue tout mon être.

Je symbolise par un objet (une pierre un peu rare, une graine de mon choix, une perle…) la VIE que j'ai reçue au moment de ma conception. Et je visualise donc par cet objet cette dimension de moi-même :

Je dessine ou colle une photo de mon objet

Ensuite, je tente d'écrire une lettre de remerciement à ma génitrice et une autre à mon géniteur, pour les remercier de m'avoir donné cette VIE que je porte en moi. Et cela, même si j'ai actuellement une relation difficile, chargée de ressentiments ou de contentieux avec l'un et/ou l'autre de mes parents.
Une lettre personnelle, dans laquelle je les remercie avec gratitude de m'avoir conçu/e. Quel que soit le désir ou le non-désir qui pouvait circuler entre eux au moment de ma conception, je les remercie de m'avoir donné la VIE.

En acceptant de porter sur moi l'objet symbolique qui représente ma VIE, en lui accordant plus d'attention et de bienveillance, je peux mieux me relier à elle. Je peux en prendre soin, mieux évaluer quel type de relation j'ai avec la VIE qui circule en moi. Ai-je une relation de maltraitances, d'abus, de violences, de non-respect de ses besoins réels? Ou ai-je une relation de tendresse, de bienveillance, de soutien, de renforcement?

....

....

Je m'interroge sur les maladies, les accidents, les épreuves qui ont assailli ou agressé ma vie et note mes réflexions:

....

....

Puis-je évaluer ma part de responsabilité, face à ce que je viens d'écrire?

....

....

Je fais le point sur ce qui m'a aidé, ce qui m'a permis d'affronter, de traverser ces péripéties ou épreuves:

....

....

A toi ma génitrice

A toi mon géniteur

Exercice 11

Démarche de transmission, de passage du flambeau de la VIE

Si j'ai un enfant ou plusieurs, je peux un jour offrir à chacun un objet différent (pierre, graine, perle ou autre) qui symbolisera la VIE que je leur ai donnée (avec l'aide d'une génitrice ou d'un géniteur). Je leur rappellerai que durant toute leur enfance, il nous appartient, à nous les parents, de veiller à laisser grandir cette VIE en eux, mais que lorsqu'ils seront des adultes, cette responsabilité leur appartiendra, de façon pleine et entière. Et que peut-être, à leur tour, un jour, ils transmettront de la VIE !

Quel objet ai-je choisi pour symboliser la graine de VIE que, comme géniteur et génitrice, je leur ai transmis ?

....

Quel objet peuvent-ils choisir pour symboliser la graine d'Amour déposée en eux ?

....

Quel objet peuvent-ils choisir pour symboliser, représenter la graine d'Énergie reçue en dépôt au moment de leur conception ?

....

Retour sur moi-même

Durant une grande partie de ma vie d'enfant, d'adolescent et d'adulte, je fus quelqu'un qui maltraita fréquemment la VIE qu'il y avait en lui, et cela avec beaucoup, beaucoup de ténacité et d'inconscience. Tout d'abord et de façon évidente, parce que j'ignorais que j'avais reçu une parcelle de VIE et aussi parce que j'avais certainement une forme d'angoisse qui me poussait à mettre à l'épreuve mon corps, ma vitalité, mes projets et bien sûr mes amours et mes relations.

Pour mes amours, je vérifiais fréquemment la solidité du lien. Cela de façon paradoxale: en le maltraitant! Je mettais (quasiment en permanence) à l'épreuve les sentiments de l'autre, en faisant peser sur mes relations affectives, des désirs et des demandes impossibles, des propositions absurdes ou inadaptées. J'avais des comportements et des conduites à base d'exigences, de culpabilisations, de bouderies (une de mes grandes spécialités, jusqu'à près de 40 ans!).

Je fus ainsi longtemps un expert en somatisations, expert pour les produire, non pour les guérir!

Je n'avais aucune conscience de la VIE que je violentais en moi et chez l'autre. En particulier chez celle qui partageait ma vie, au plus proche de mon quotidien, avec laquelle j'avais conçu des enfants, fait des projets et des rêves de vie inouïs!

C'est au travers de deux expériences structurantes que j'ai découvert :

- **d'une part, comment j'avais donné la VIE à chacun de mes enfants,**
- **et d'autre part, comment j'avais reçu la VIE de mes géniteurs.**

La première expérience se produisit à 49 ans. Je regardais, non pas distraitement mais avec beaucoup d'attention, ma fille aînée qui avait 25 ans. Pour la première fois, j'ai aperçu, je ne sais comment vous le dire, une aura, une vibration, un souffle subtil de l'air autour de sa personne... la VIE qui était en elle. Ce fut comme une illumination, qui rapidement se transforma en une succession d'interrogations terribles.

J'avais beaucoup fait pour elle, comme pour chacun de mes enfants.

Leur mère et moi, avions répondu à ses :

- **besoins de survie** (nourriture, sécurité de base, vêture, toit protecteur, environnement relativement confortable et bienveillant), nous avions répondu à ses
- **besoins éducationnels** (école maternelle et primaire, collège, lycée, université), à ses
- **besoins d'amour** (du moins je le croyais),
- **besoins de socialisation** et aussi

à beaucoup de ses désirs. Nous avions donc fait beaucoup pour sa personne, pour le bébé, la petite fille, l'adolescence, la jeune adulte qu'elle était devenue. Mais j'ai découvert avec stupéfaction que je n'avais rien fait pour la VIE qui était en elle.

Je sais que c'est difficile de percevoir la différence entre la PERSONNE et la VIE, qu'il y a en elle.

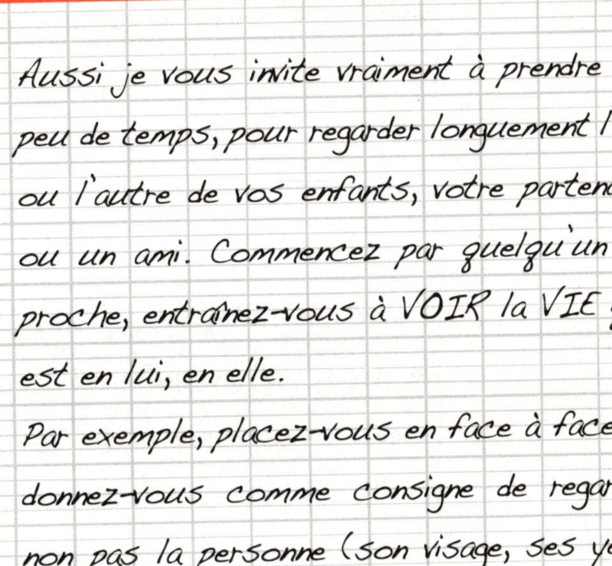

Aussi je vous invite vraiment à prendre un peu de temps, pour regarder longuement l'un ou l'autre de vos enfants, votre partenaire ou un ami. Commencez par quelqu'un de proche, entraînez-vous à VOIR la VIE qui est en lui, en elle.

Par exemple, placez-vous en face à face et donnez-vous comme consigne de regarder non pas la personne (son visage, ses yeux ou son corps) mais autour de la personne, sans vous laisser détourner par le paysage ou la pièce dans laquelle vous êtes.

Vous pouvez aussi, toujours en face à face, placer vos mains à quelques centimètres de la tête de l'autre et doucement exercer une légère pression, un léger mouvement d'accompagnement, de caresse. Vous allez sentir une résistance, une consistance due à une enveloppe vibratoire.
C'est une expérience émouvante, extraordinaire, à la portée de chacun. Osez cela!
Et à partir de là, une question lancinante, aiguë, m'a taraudé: j'avais fait, nous avions fait, leur mère et moi, beaucoup pour la personne de cet enfant (et de chacun de mes quatre autres enfants) mais qu'est-ce que nous avions fait pour la VIE qui était en eux?

Rien. Totalement rien.

J'avais bien intégré les besoins de survie, d'amour, d'éducation, de socialisation qui s'adressaient à la personne, mais je ne savais même pas quels étaient les besoins qui concernaient la VIE en chacun, pas plus d'ailleurs que je ne connaissais les besoins de la VIE qui était en moi!
Le résultat de ce travail, car ce fut un véritable travail, déboucha sur la découverte que chacun d'entre nous (et cela est valable dans toutes les cultures) a des besoins relationnels. Que tout être vivant est porteur de besoins

relationnels, capable d'alimenter la VIE qui est en lui, besoins qu'il ne faut pas confondre avec des envies, avec des désirs.

C'est en retrouvant (ce fut toute une épopée pour le localiser), lorsque j'ai eu 50 ans, mon géniteur (qui en avait 65) que j'ai conscientisé que c'était bien lui, avec l'aide de ma mère, âgée de 18 ans, qui m'avait conçu alors qu'il avait seulement 15 ans ! Mais capté par sa propre mère, il abandonna son premier amour et son propre enfant, et durant un tiers de siècle ne donna aucun signe de vie, ni dans la direction de ma mère, ni dans la mienne. Il s'appelait Pierre (il décéda quelques années plus tard, en 1992). Au-delà de cette première rencontre, qui fut suivie de quelques autres, nous apprîmes doucement, respectueusement à nous découvrir, à nous apprécier et à nous aimer.

Mais c'est au lendemain du jour où j'ai pu l'embrasser et le serrer dans mes bras, que j'ai pu lui dire : « Pierre, je ne vais pas passer le reste de ma vie à te reprocher d'avoir abandonné maman, de n'avoir jamais donné aucun signe de vie dans ma direction, **je vais simplement te remercier de m'avoir donné la VIE.** Avec l'aide de maman bien sûr. Et sans ce don, je n'aurais pas vécu une existence parfois difficile et douloureuse, et d'autres fois, merveilleuse et étonnante. Je n'aurais pas écrit de livres, pas conçu d'enfants, c'est-à-dire pas donné de la VIE à mon tour, pas voyagé, pas respiré, pas aimé. J'ai une immense gratitude envers toi...»

Il fut très ému, moi aussi, plus qu'il n'y transparaît dans ces quelques lignes.

C'est ainsi qu'en conscientisant, en reconnaissant la VIE qui était en moi à chaque instant, que j'ai appris à m'aimer et par là même, à mieux aimer.

Il m'a donc fallu un demi-siècle pour oser apprendre à m'aimer et à agrandir en moi la possibilité d'aimer et de mieux accepter d'être aimé.

Faisons le point et avançons… avec ce que vous avez découvert

Si chacun, à la suite des exercices proposés, a pu mieux percevoir la Vie, l'Amour et l'Énergie reçus en dépôt au moment de la conception…

S'il a appris à mieux prendre soin de ces trois possibles en lui ou autour de lui…

… il a certainement appris à mieux s'aimer. Et par là même à se sentir plus ouvert, plus disponible pour aimer ou recevoir de l'amour. Plus sensible à l'interdépendance, aux reliances[4] possibles, aux amplifications mutuelles de ces trois enjeux : s'aimer, aimer et être aimé.

Le travail est commencé, les impacts, résonances, ouvertures vont apparaître, vont s'agrandir et colorer différemment votre existence.

C'est ce que je souhaite à chacun.

VIE AMOUR ENERGIE

4 « Établir des ponts, des passerelles incertaines entre mon histoire et mes histoires. Relier des événements, des situations, des rencontres ou des émotions pour en faire la trame de mes interrogations. » Jacques Salomé

Exercice 12

... de confirmation de quelques-uns de nos possibles

À la lumière des exercices précédents, celui-ci permet de faire quelques pas pour commencer à apprendre, ou confirmer, qu'il est possible d'aimer, quel que soit votre cas de figure. Et pour cela, il vous faudra prendre un peu de temps pour démystifier quelques pseudo-amours. Pseudo-amours que nous pouvons produire et proposer ou recevoir !

J'ai de l'amour en moi pour moi, la question à venir sera : suis-je capable de me décentrer, pour le donner, pour l'offrir en direction d'une personne ou au contraire suis-je tenté de le distribuer, de l'éparpiller entre plusieurs personnes ?
....

Suis-je un constipé de l'amour que je garde en moi en évitant surtout de le donner ? Est-ce que je fais de la rétention avec l'amour ?

OUI NON

Suis-je un capitaliste de l'amour ? Quelqu'un qui thésaurise l'amour qu'il a, en se gardant bien de l'offrir, de le donner ?

OUI NON

Mon amour est-il volatil, volage, aussi éphémère qu'une goutte de rosée ?

OUI NON

Relève-t-il du coup de foudre (dans lequel, disait ma grand-mère, il y a plus de coups que de foudre!)?

OUI NON

Ai-je un amour à condition? À condition d'être aimé/e en retour. À condition que l'autre aime ma mère (ou mon père). À condition que l'aimé/e réponde à mes désirs (et surtout à mes désirs sexuels!).

OUI NON

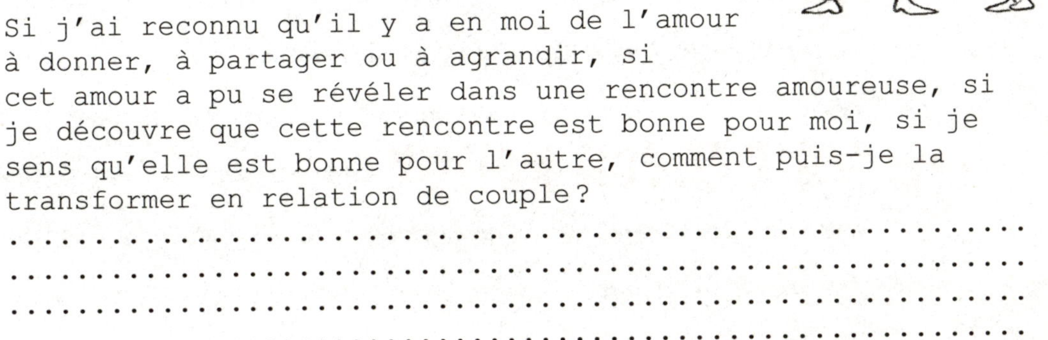

Ai-je un amour platonique, qui ne réclame pas de marques d'amour de la part de l'autre, et qu'il puisse seulement accepter d'être aimé par moi?

OUI NON

Si j'ai reconnu qu'il y a en moi de l'amour à donner, à partager ou à agrandir, si cet amour a pu se révéler dans une rencontre amoureuse, si je découvre que cette rencontre est bonne pour moi, si je sens qu'elle est bonne pour l'autre, comment puis-je la transformer en relation de couple?

....

....

....

....

Il faut savoir que dans ce passage, de la rencontre amoureuse à la relation de couple, il y a beaucoup de clarifications à faire, sous peine d'inscrire, très tôt, des malentendus ou des conflits possibles.

Mais ceci est une autre histoire, qu'il appartient à chacun de construire, avec le meilleur de lui/d'elle pour rencontrer le meilleur de l'autre.

Trousse d'urgence pour des soins relationnels, au cas exceptionnel (ou fréquent) où nous blesserions une relation à laquelle nous tenons !

Après un affrontement, lors d'un conflit ou suite à un échange un peu vif, nous pouvons blesser plus ou moins gravement une relation et surtout la personne qui est en face de nous. Cette personne peut aussi être nous-même, quand nous nous sentons meurtri par un mot, un geste ou un comportement qui n'est pas bon pour nous !

En ces circonstances, il peut être important de disposer d'une trousse d'urgence pour apaiser les premières blessures de façon à ne pas infecter davantage la relation, à laquelle parfois nous tenons. Cette trousse devrait contenir par évidence :

UN CARTON ROUGE (pour nous-même ou pour l'autre) qui serait un signal pour une invitation à restituer les mots, le comportement ou le message qui a blessé (qui nous a blessé).

UNE PETITE BOUTEILLE DE DESINFECTANT LEGER, à base de mots de regret, de remise en cause, visant à favoriser la cicatrisation du ressenti blessé, humilié ou dévalorisé chez celui qui s'est senti atteint par un comportement, une parole vécue comme injuste.

LA PRESENTATION D'UN OBJET SYMBOLIQUE, pour proposer une restitution de la violence reçue, même si elle est déposée involontairement.

UNE CARTE JAUNE, pour rappeler qu'il est possible d'utiliser la confirmation (entendre ce qui se passe pour l'autre, le rejoindre dans son ressenti).

UNE ECHARPE RELATIONNELLE DE SECOURS, pour visualiser qu'une relation a deux bouts et que chacun est responsable de son... bout !

PLUSIEURS PANSEMENTS SPECIAUX, à base d'attentivité et d'écoute du vécu, pour rejoindre l'autre dans ce qui s'est réveillé en lui, et éventuellement pouvoir entendre (et peut-être apaiser) une blessure ancienne qui aurait été restimulée.

UN TUBE DE POMMADE REVIGORANTE, pour celui qui a blessé (même sans le vouloir). Appliquer en frictions énergiques sur les mains et le visage. (On ne s'occupe pas assez de celui qui a été maladroit ou qui a blessé).

UNE BOITE DE SPARADRAP pour protéger une sensibilité un peu vive, à fleur de peau, qui s'irrite trop vite.

UN REMONTANT, un fortifiant pour donner un peu plus de courage à celui qui s'apprête à restituer.

Un bloc d'ordonnances à rédiger pour soi-même, mentionnant la prescription pour se protéger.

Le tout proposé avec **UNE PRESENCE PROCHE** permettant de faire entendre sa respiration pour accompagner une émotion qui ébranle ou bouleverse l'autre.

Complétez la liste à votre guise, selon votre **sensibilité, vos croyances et la taille de la trousse que vous voulez proposer !**

....

....

....

....

....

....

....

....

....

....

....

....

....

....

....

....

....

....

....

....

....

Pour aller plus loin

Quelques ouvrages de Jacques Salomé :

Apprivoiser la tendresse, Jouvence, 1988

Je mourrai avec mes blessures, Jouvence, 2002

Aimer l'amour, Trédaniel, 2010

Aimer c'est plus que vivre, Trédaniel, 2008

Jamais seuls ensemble, Pocket, 2009

Je croyais qu'il suffisait de t'aimer, Livre de Poche, 2008

Aimer et se le dire, Pocket, 2010

Pourquoi est-il si difficile d'être heureux?, Livre de Poche, 2010

Tous les matins de l'amour... ont un soir, Albin Michel, 1998

Contes à aimer – Contes à s'aimer, Livre de Poche, 2009

Car nul ne sait à l'avance la durée de vie d'un amour, Dervy, 2001

Voyage aux pays de l'amour
[CD audio], éd. Alexandre Stanké, coll. Coffragants, 2011

Ma déclaration à moi-même
Mes résolutions

Achevé d'imprimer en juin 2015
sur les presses de la Nouvelle Imprimerie Laballery
58500 Clamecy
Dépôt légal : avril 2012
Numéro d'impression : 505329

Imprimé en France

La Nouvelle Imprimerie Laballery est titulaire de la marque Imprim'Vert®